U0578440

中国经典碑帖临摹范本

依据教育部《中小学书法教育指导纲要》编选书目

兰亭序

王鹏江 主编
大麓书院 编

北方联合出版传媒（集团）股份有限公司
万卷出版公司

碑帖介绍

《兰亭序》又名《兰亭集序》《兰亭宴集序》《临河序》《禊序》《禊帖》，共二十八行，三百二十四字，晋代书法家王羲之书。原帖已流失不传，目前公认最接近原帖的『神龙本』，为唐代书法名家冯承素临摹，现藏于故宫博物院。

东晋穆帝永和九年（353）三月初三，时任会稽内史、右军将军的王羲之邀孙绰、谢安、支遁等四十一人，集会于会稽山阴的兰亭修禊，曲水流觞，饮酒赋诗，举行风雅集会。事后，众人将全部诗歌结集成册，公推王羲之作序以记录这次雅集。王羲之乘借酒兴，用鼠须笔在蚕纸上即席挥洒，心手双畅，写成此序。此序记叙了兰亭周围的景致之美和雅士集会的欢乐之情，同时也抒发了作者盛事不常、『修短随化，终期于尽』的感叹。

《兰亭序》是王羲之最重要的一件行书作品，在技法上几臻完美，成为后来行书书法的典范，有『天下第一行书』之誉。这幅书法用笔以中锋为主，笔画多露锋，表现细腻，牵丝流畅优美。字的结构表现为体势纵长，左低右高。字的大小相应，长短相间，虚实相生。布局上纵有行，横无列，每行又摇曳动荡，变化多姿。最难能可贵的是，从《兰亭序》那『不激不厉』的风格中，蕴藏着作者圆熟的笔墨技巧、深厚的传统功力、广博的文化素养和高尚的艺术情操，达到了登峰造极的境界。

如今《兰亭序》真本据传已殉葬失传，但从存世的唐人摹本、刻本、临本中，仍可看出其『龙跳虎卧』的神采。这其中，尤以冯承素摹本最为著名、最接近原帖神韵，其钩摹细心，故而线条的使转惟妙惟肖，不但墨色燥润浓淡相当自然，而且下笔的锋芒、破笔的分叉和使转间的游丝也十分逼真，从中可窥王羲之书写时用笔的徐疾、顿挫、一波三折的绝妙笔意。

本书选取故宫院藏冯承素摹本以飨读者，另附多篇书家摹本，共赏『天下第一行书』的艺术魅力。

相关知识

《兰亭序》文字灿烂，字字珠玑，是古代序跋散文中的绝佳妙品，它打破成规，自辟蹊径，不落窠臼，隽妙雅逸，不论绘景抒情，还是评史述志，都令人耳目一新。而其更大成就在于它的书法艺术达到了登峰造极的境界，达到了世人难以企及的高度。此序通篇气息淡和空灵、潇洒自然；用笔遒媚飘逸；手法既平和又奇崛，大小参差，既有精心安排的艺术匠心，又没有做作雕琢的痕迹，自然天成。其中凡重复的字，写法各不相同，如『之』『以』『为』等字，不同的位置、不同的表现，都依类赋形，千变万化；特别是『之』字，多达二十种写法，有的如楷书工整，有的似草书流转，但都大小参差，千姿百态，令人赞叹不已。《兰亭序》是王羲之书法艺术的代表作，是中国书法艺术史上的一座高峰，它滋养了一代又一代书法家。

《兰亭序》是世人公认的瑰宝，相传始终珍藏在王氏家族之中，一直传到他的七世孙智永。智永少年时即出家在绍兴永欣寺为僧，临习王羲之真迹达三十余年。智永临终前，将《兰亭序》传给弟子辩才。辩才擅长书画，对《兰亭序》极其珍爱，将其密藏在阁房梁上，从不示人，后被唐太宗派去的监察史萧翼骗走。唐太宗得到《兰亭序》后如获至宝，并命欧阳询、虞世南、褚遂良等书家临写。以冯承素为首的弘文馆拓书人，也奉命将原迹双钩填廓摹成多个副本，分赐皇子近臣。唐太宗死后，侍臣们遵照他的遗诏，将《兰亭序》真迹作为殉葬品埋藏在昭陵。

时代背景

晋人尚韵

魏晋时期社会内乱外患、动荡不安，但这一时期的书法艺术却未因此而走向破落，反而进入了一个全新的境界。两晋书法艺术正处在这一明朗时期，主流书法由篆隶趋从于简易的草行和楷书，并逐步成为该时期的主流风格；经过浩繁书家的奋力实践，使之日臻于童稚，并被推向艺术的高峰。从此，书法的审美功能已盖过实用功能，极大地增加了艺术创造的自觉性，成为人们刻意追求美并最能体现我们民族特色的一种艺术形式。

清代梁巘《评书帖》称『晋书神韵潇洒，而流弊则轻散』，就是指这一时期的书法艺术讲究风度韵致，尊崇『神采为上，形质次之』，表现出一种飘逸脱俗、姿致萧朗的风貌，特别是对庄子式超然物外的空灵境界的向往和追寻。这里的『韵』，是风度，是韵致，是魏晋文人——特别是东晋的士人书法家的作品所呈现出来的『意』，即笔墨天成，是超然于有限物质形式的作品内在精神；同时，这个精神又导源于人。因此从更本质的角度看，所谓的『韵』就是魏晋文人『俯仰自得，游心太玄』的超然心态、风度的自然流露。

晋书尚韵的风尚广泛地联结着那个时代的艺术风格、生命情调和文化精神，特别是哲学、文学和人格理想。晋代是一个苦闷、矛盾、思索，却又充满激情和浓郁生命色彩的时代，这时士大夫的精神是哲学的，也是自由的。原来占统治地位的两汉经学此时走向衰败，受到冷落，继之而起的是以玄学、清谈、议论、争辩为标志的思想。表面上，他们消极、悲观、归隐、超脱、逃避现实，宣讲『以无为本』，从古代『老庄』思想中求活法；实际上却热烈探寻新的生活，张扬人格精神，发现自我价值。与这种思潮相适应的文艺也逐渐摆脱了儒家思想的束缚，转向抒发个人的情怀，从追求雕琢绮丽的外在形式美转向追求内在神、意、风骨、气韵的志趣美。『晋书之韵』正是由这个尚韵时代所孕育、所推出，晋人书法成为两晋时期审美观念最集中的体现。

晋人尚韵的书风，以王羲之为领袖的艺术群体共同形成的书法风格流派为代表。南朝梁代袁昂在《古今书评》中说『王右军书如谢家子弟，纵复不端正者，爽爽有一种风气』，南宋李心传在《兰亭续考》中题跋称『汉魏以后法书，东晋为第一；就晋人论之，右军又为第一』。这种书风是与晋人风神潇洒、不滞于物的心灵姿貌相适应的。晋代书法气韵绝俗，风度翩翩，蕴涵着萧散简远、平和自然、圆转流媚、飘逸飞扬的美，同时亦不乏力度。

晋人最能体现『韵』字的书体莫过于行书。大概因为行书一体动静适中，具有中和之美。中和之美需有一种从容不迫的气度，尤能显现书人、作品的『风韵』『神韵』。对此，宗白华先生曾在《论〈世说新语〉和晋人的美》一文中写道：『晋人风神潇洒，不滞于物，这优美的自由的心灵找到一种最适宜于表现他自己的艺术，这就是书法中的行草。行草艺术纯系一片神机，无法而有法，全在于下笔时点画自如。一点一拂皆有情趣，从头至尾，一气呵成，如天马行空，游行自在。又如庖丁之中肯綮，神行于虚。这种超妙的艺术，只有晋人萧散超脱的心灵，才能心手相应，登峰造极。晋人的书法是这种自由的精神人格最具体、最适当的艺术表现。这抽象的音乐似的艺术才能表达出晋人的空灵的玄学精神和个性主义的自我价值。』

永和九年，岁在癸丑，暮春之初，会

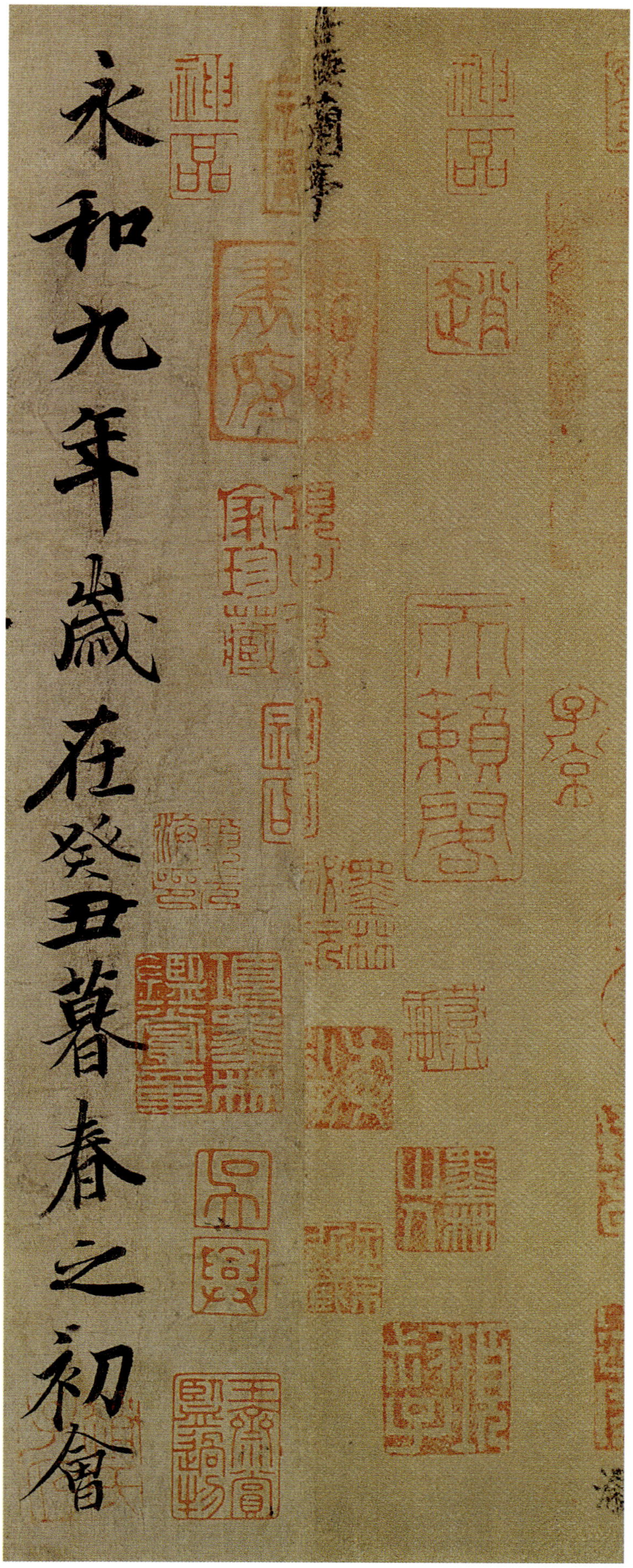

永和九年：353年。

永和，东晋穆帝司马聃年号。

暮春：农历三月。

修禊：后世多指修春禊，即于农历三月上旬的巳日（三国魏以后定为三月三日），人们群聚于水滨嬉戏洗濯，以祛除不祥和求福。禊，同『褉』，本是古代于春秋两季在水边举行的一种祭礼。

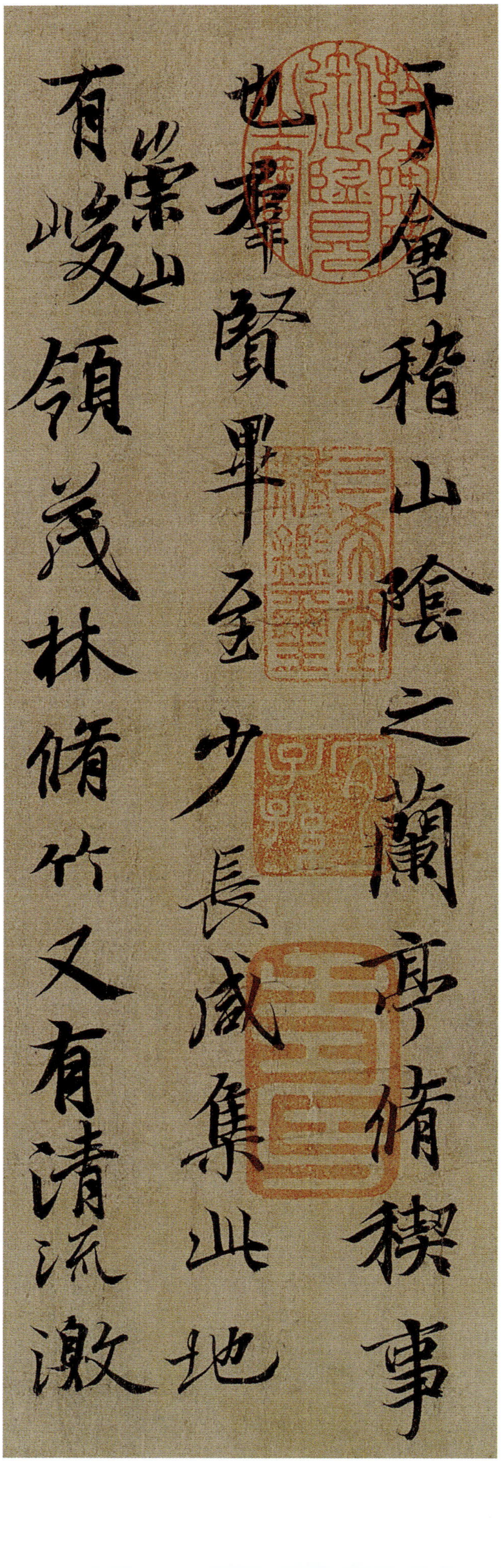

于會稽山陰之蘭亭脩禊事
也羣賢畢至少長咸集此地
有崇山峻領茂林脩竹又有清流激

于会稽山阴之兰亭，修禊事也。群贤毕至，少长咸集。此地有崇山峻岭，茂林修竹，又有清流激湍，映带左右，引以为流觞曲水，列坐其次。虽无丝竹管弦之盛，一觞一咏，亦足以畅叙幽情。

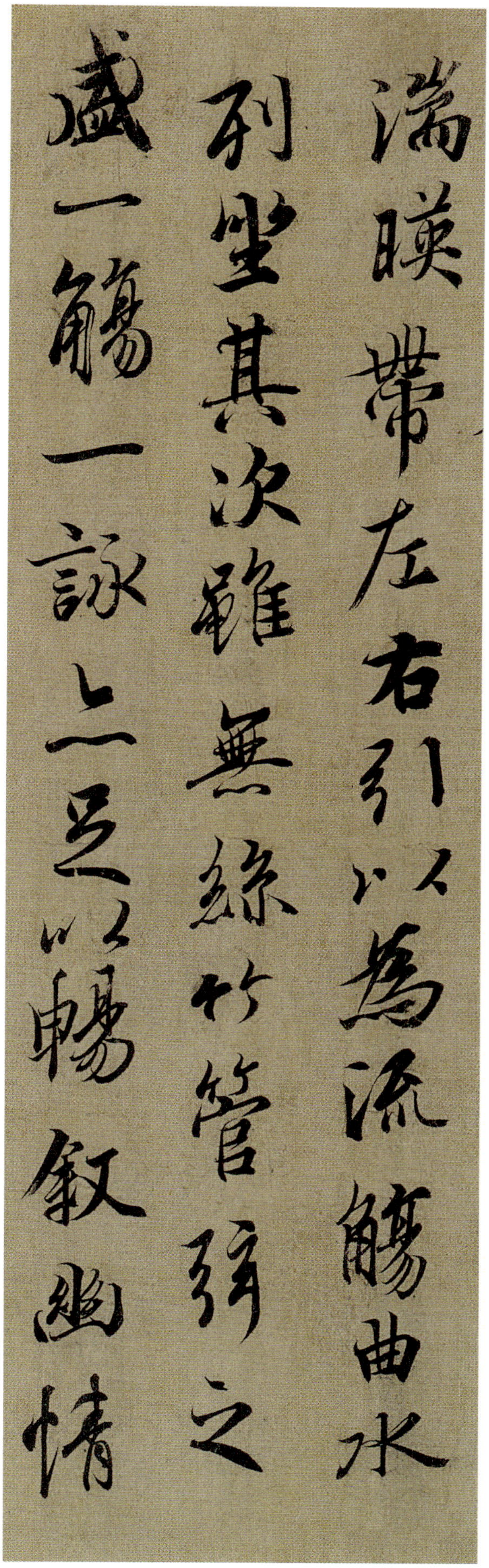

映带左右：辉映点缀在亭子的周围。映带，映衬、围绕。

流觞曲水：用漆制的酒杯盛酒，放入弯曲的水道中任其漂流，杯停在某人面前，某人就引杯饮酒。这是古人一种劝酒取乐的方式。流，使动用法。曲水，引水环曲为渠，以流酒杯。

惠风：柔和的风。

品类之盛：万物的繁多。品类，品种类别，泛指万物。

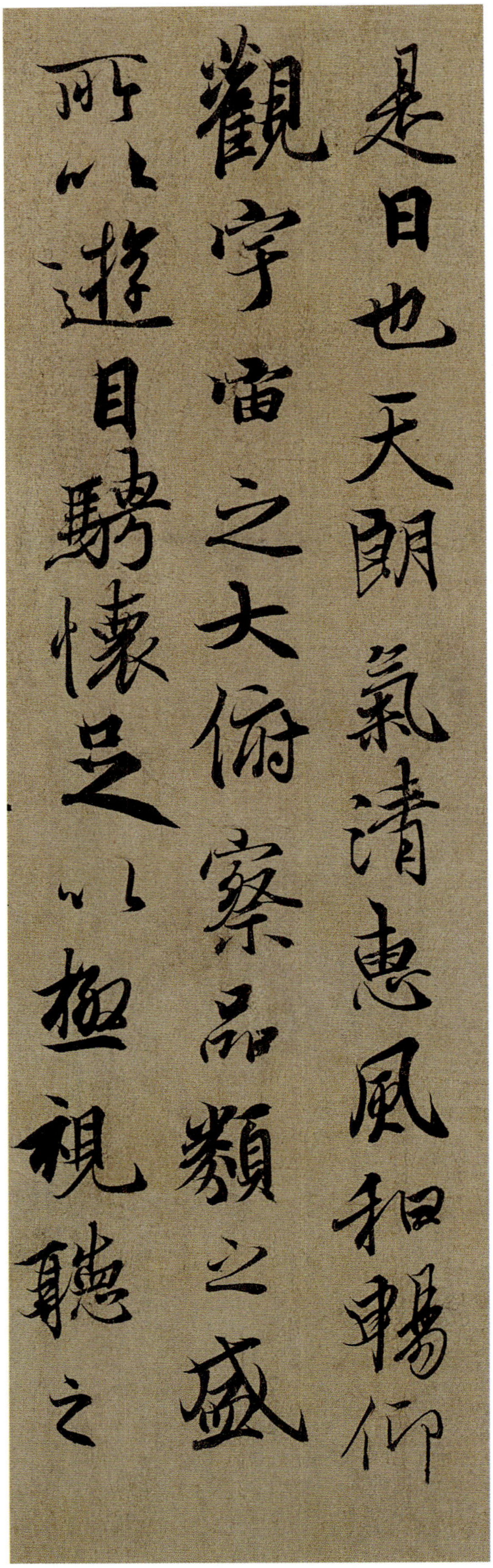
是日也天朗氣清惠風和暢仰
觀宇宙之大俯察品類之盛
所以遊目騁懷足以極視聽之

是日也，天朗气清，惠风和畅。仰观宇宙之大，俯察品类之盛，所以游目骋怀，足以极视听之

俯仰一世：很快便度过一生。俯仰，一俯一仰之间，表示时间的短暂。

取诸怀抱：发自内心，倾心对人。取诸，从……中取得。

悟言：当面谈话，坦诚交谈。悟，通『晤』。

因寄所托，放浪形骸之外：就着自己所爱好的事物，寄托自己的情怀，言行放纵不拘形迹，不受世俗礼法束缚。放浪，放纵、无拘束。形骸，外在形象、言谈。

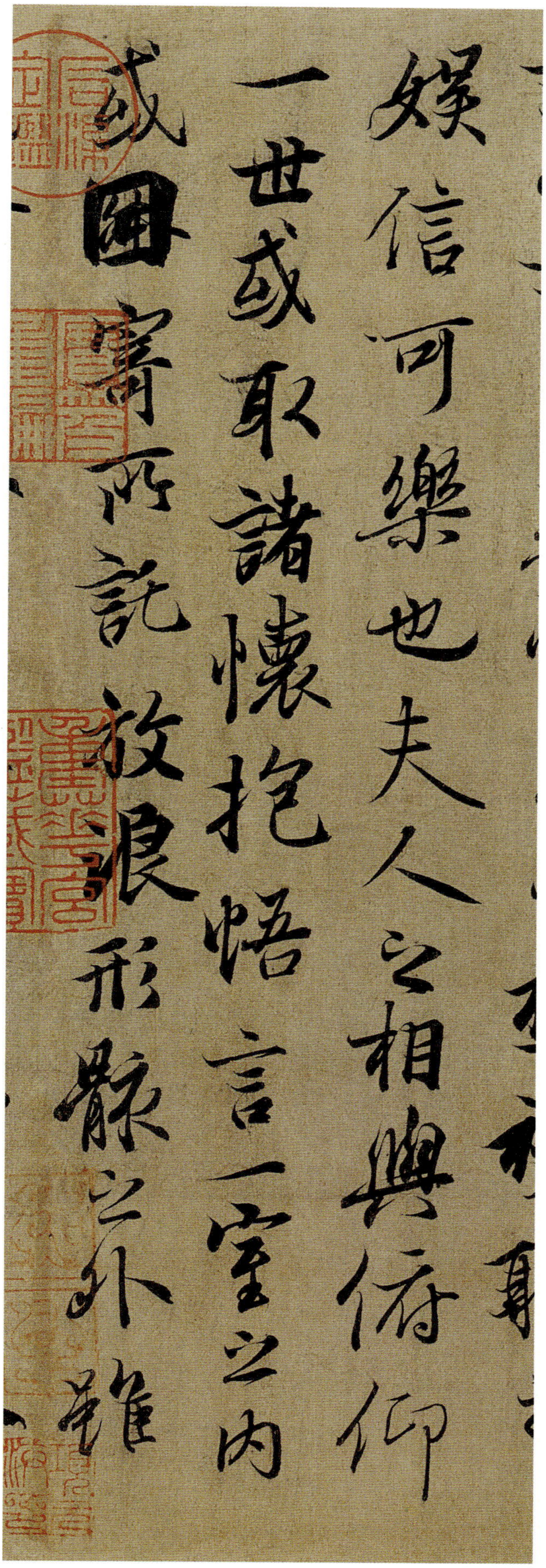

娱，信可乐也。夫人之相与，俯仰一世。或取诸怀抱，悟言一室之内；或因寄所托，放浪形骸之外。虽

趣舍：取舍。趣，通『取』。《荀子·修身》：『趣舍不定，谓之无常。』

万殊：千差万别，各不相同。

怏然自足：形容满足自得的样子。怏，通『盎』。

惓：同『倦』，厌倦。

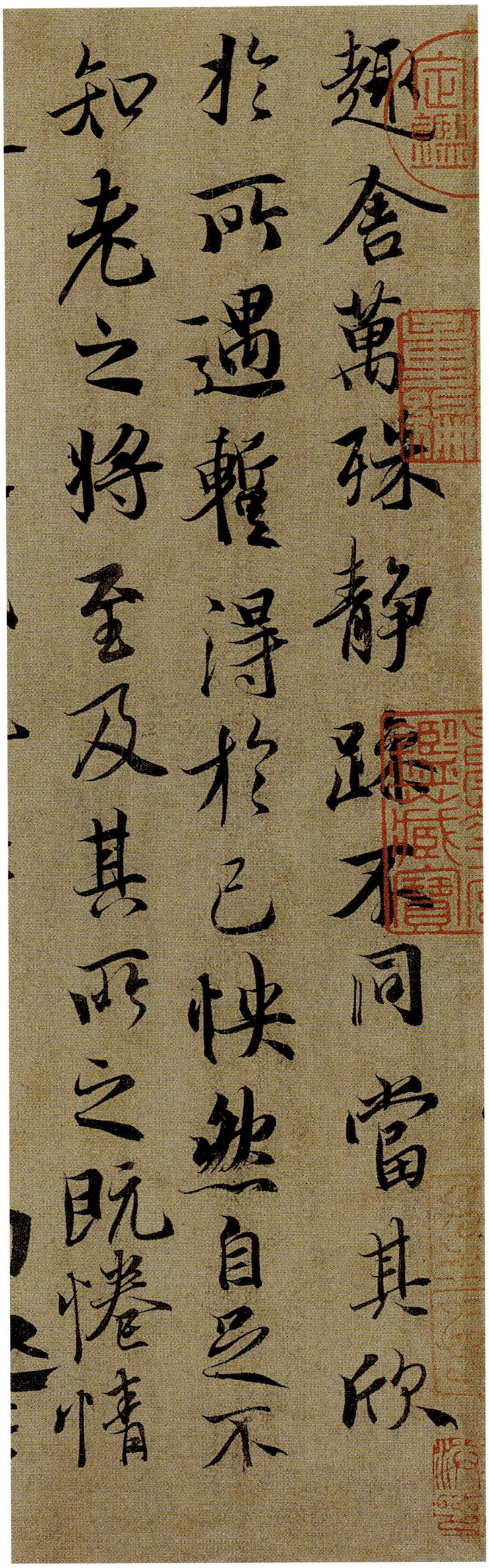

趣舍万殊，静躁不同，当其欣于所遇，暂得于己，怏然自足，不知老之将至；及其所之既惓，情

随事迁，感慨系之矣。向之所欣，俯仰之间，以为陈迹，犹不能不以之兴怀，况修短随化，终

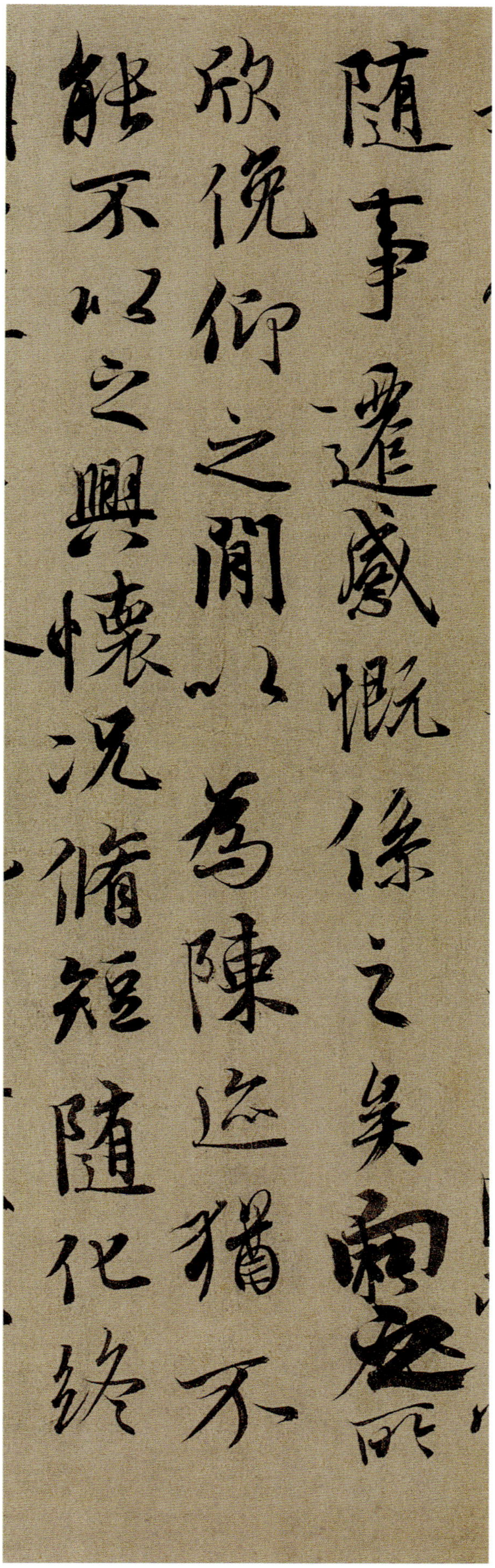

以：通『已』。

兴怀：引发感触。

修短随化：寿命长短听凭造化而定。化，造化。

死生亦大矣：此句为庄子引用老子的话，语出《庄子·得充符》。

契：古代兵符、债券、契约，用竹木或金石刻成，剖而为二，各执其一以作为凭证。合契指两半合则生效，引申为符合。

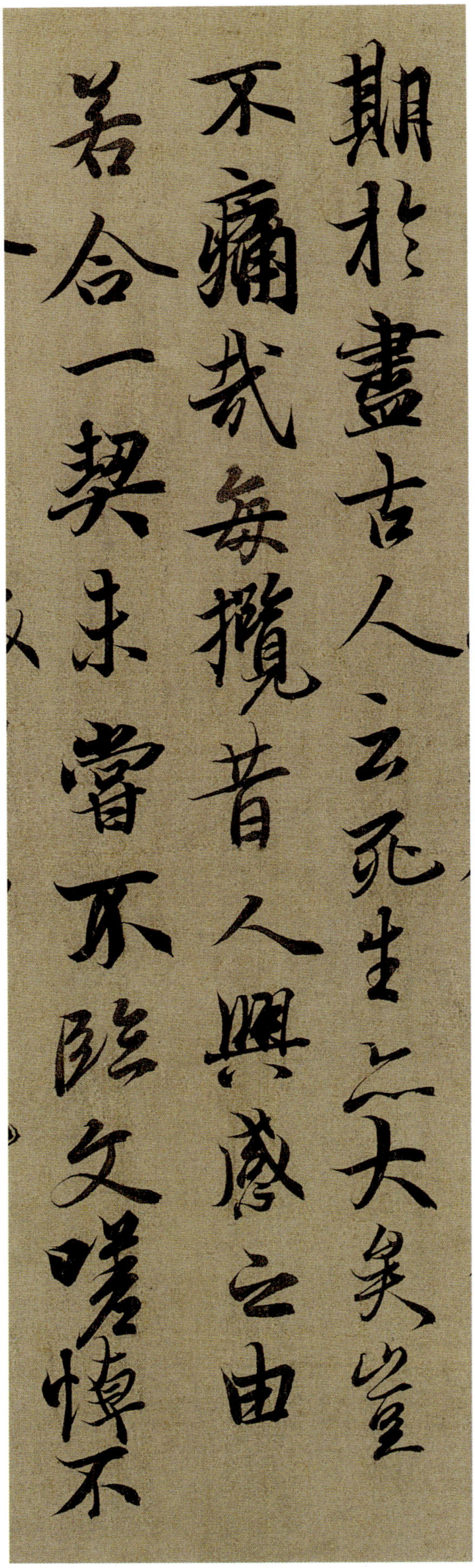

期于尽！古人云：『死生亦大矣。』岂不痛哉！每览昔人兴感之由，若合一契，未尝不临文嗟悼，不

能喻之于怀。固知一死生为虚诞，齐彭殇为妄作。后之视今，亦由今之视昔，悲夫！故列

喻：开导。

一死生：把死和生看作一回事。

齐彭殇：把长寿的彭祖和短命的殇子看作等量齐观。彭，彭祖，相传为颛顼帝玄孙，寿八百岁。殇，短命夭折的人。

由：通『犹』。

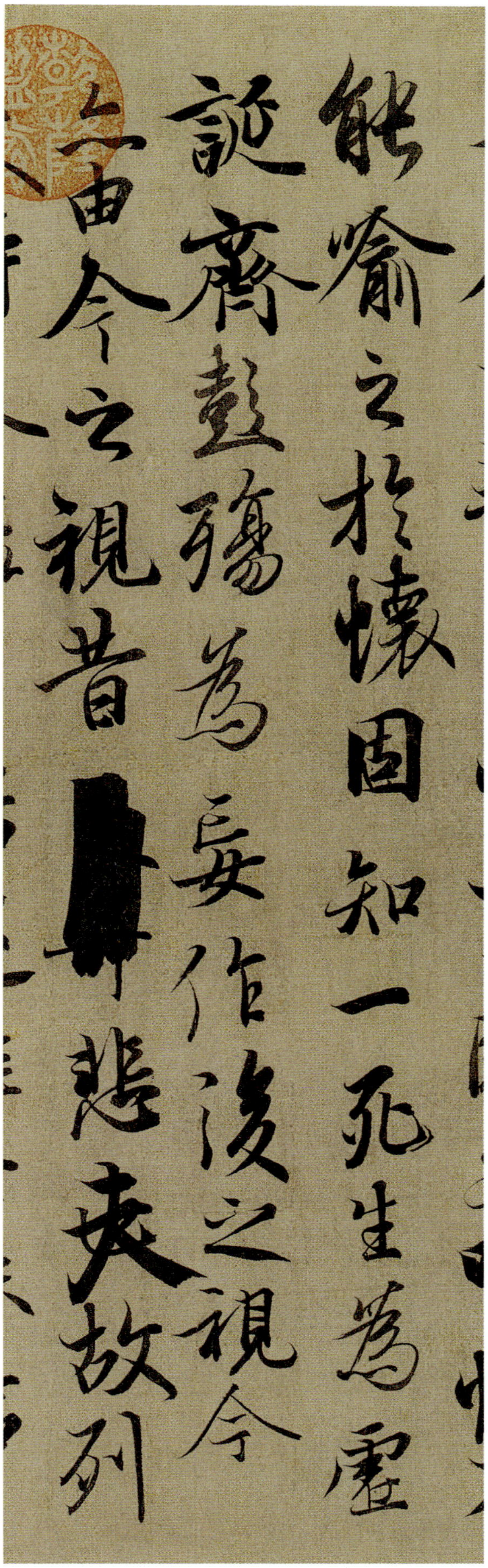

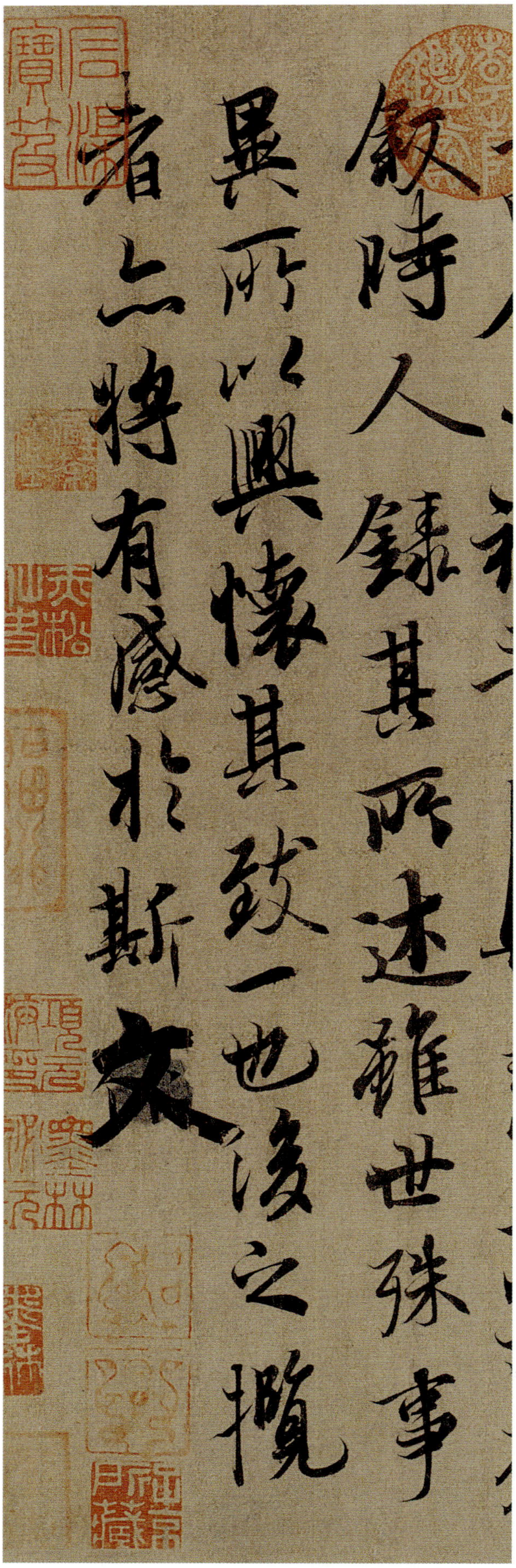

叙时人，录其所述，虽世殊事异，所以兴怀，其致一也。后之览者，亦将有感于斯文。

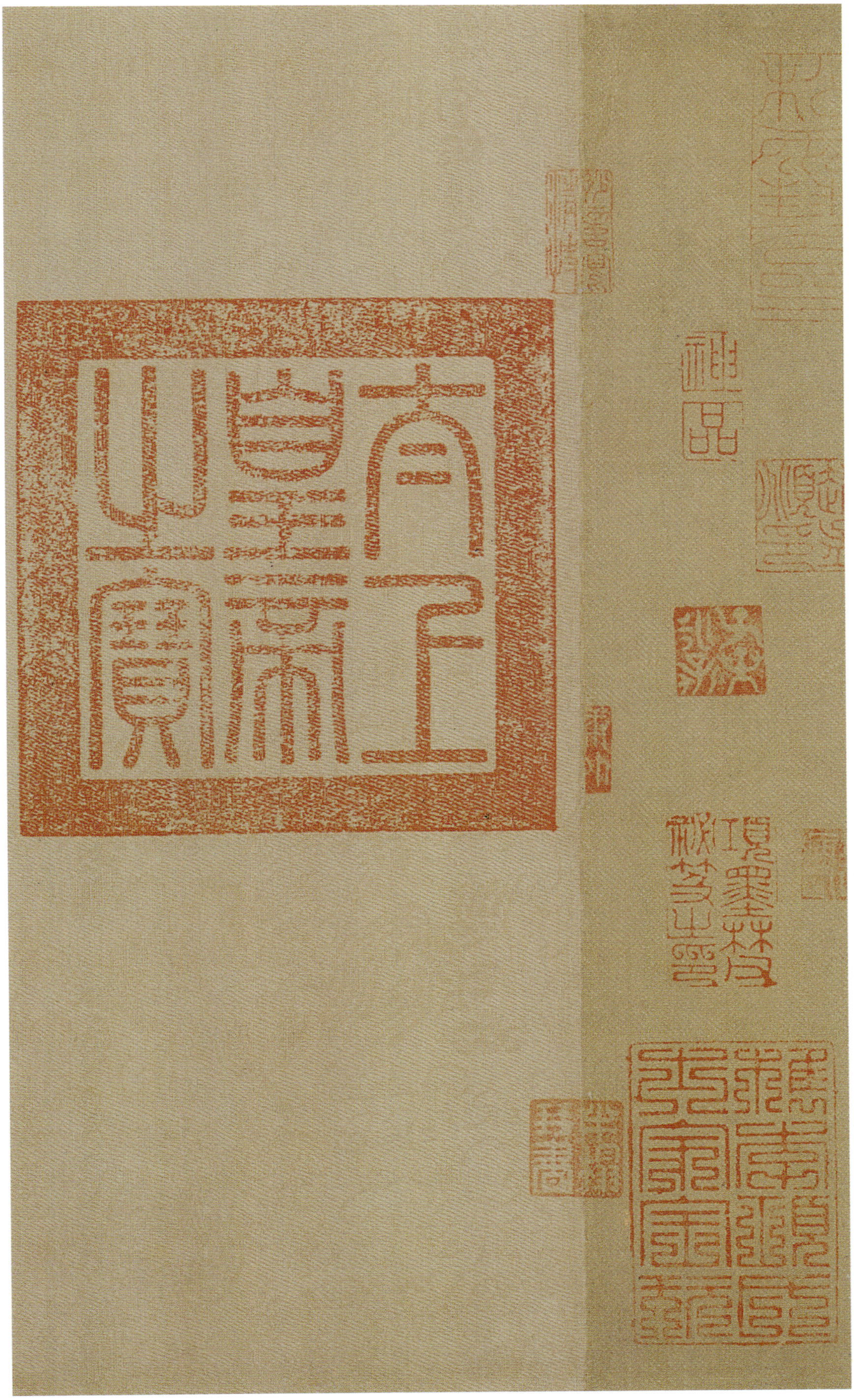

【唐】冯承素摹《兰亭序》卷后历代名人题跋

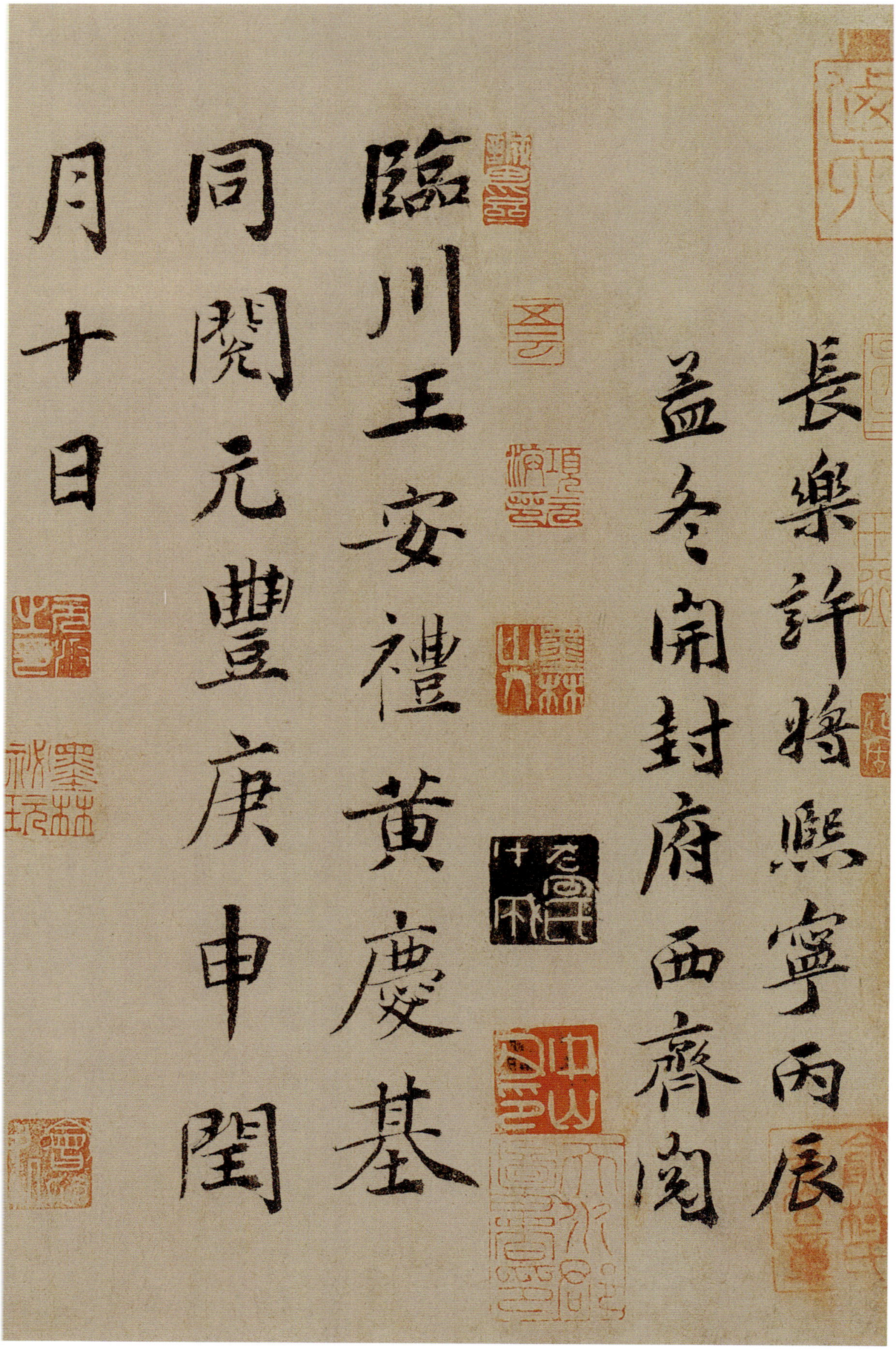
長樂許將熙寧丙辰
益冬開封府西齋閱
臨川王安禮黃慶基
同閱元豐庚申閏
月十日

朱光裔李之儀觀
元豐五年三月二十七日
李秬王景通同觀
戊七月
王景脩張太寧同觀

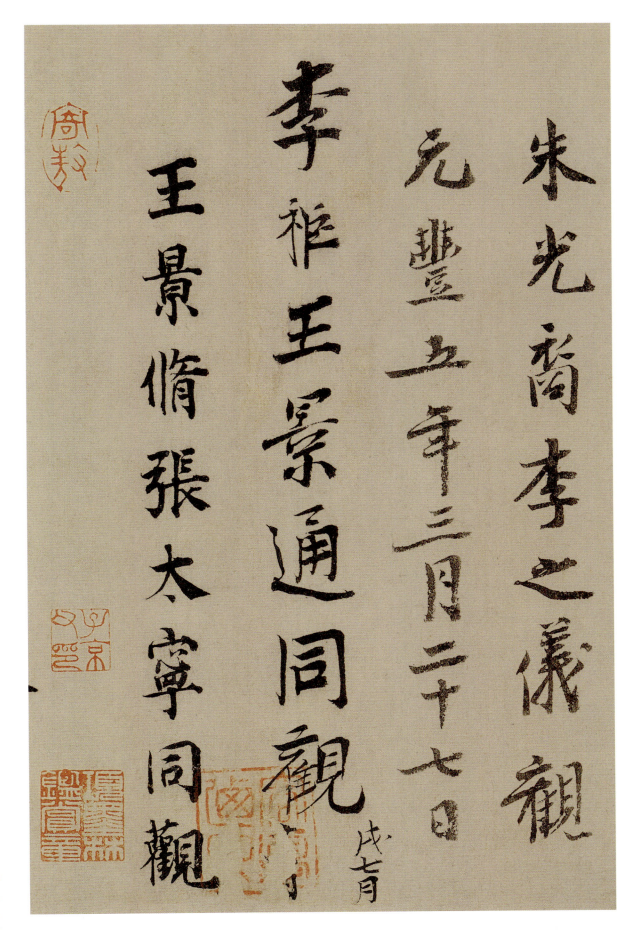

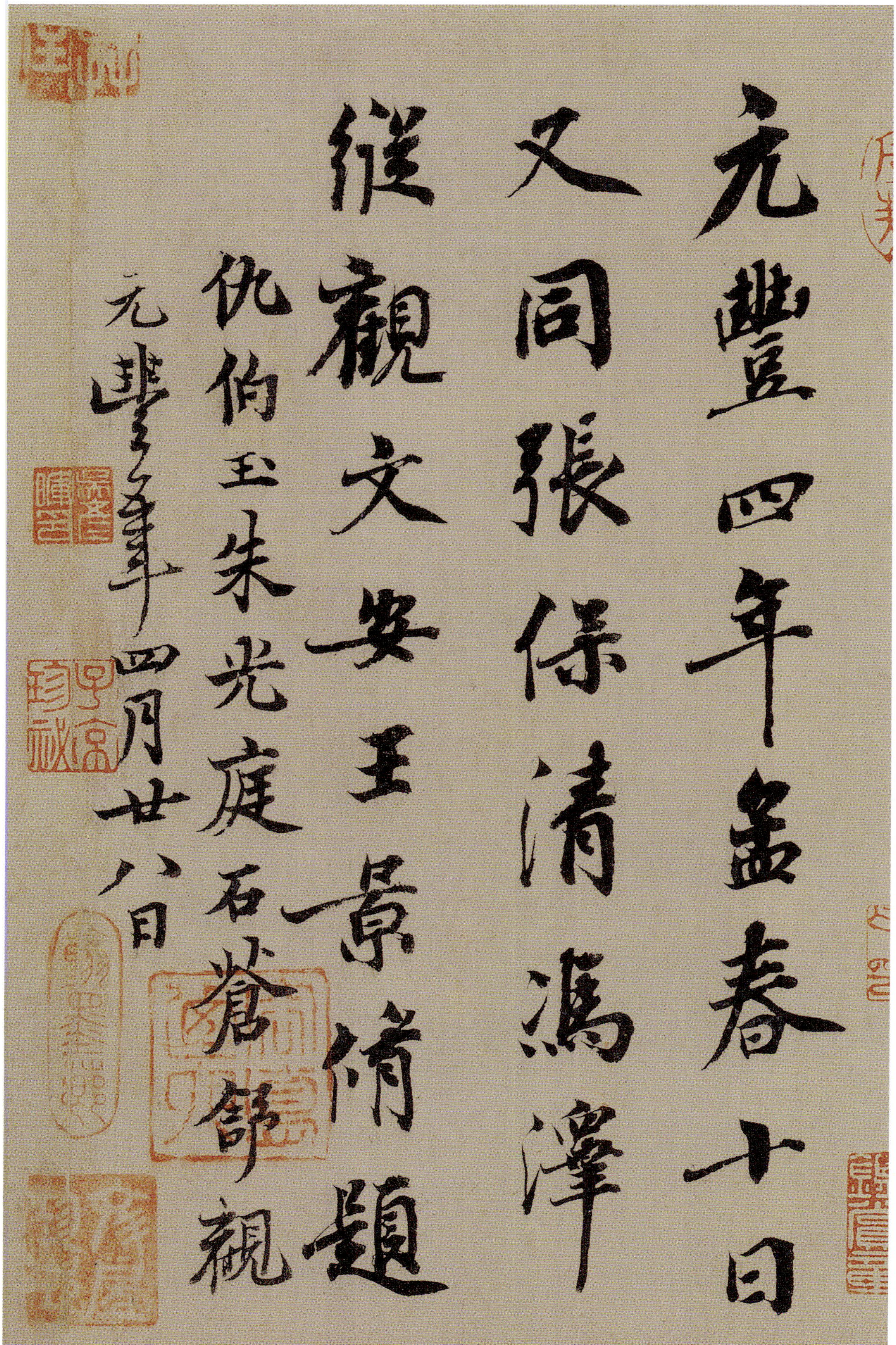
元豐四年孟春十日
又同張保清馮澤
從觀文安王景脩題
仇伯玉朱光庭石蒼舒觀
元豐年四月廿八日

甲午稧日靜堂集賢官房
潛翁出世帖共觀少焉風舞
雪積仰觀宇宙之盛俯察
品類之滋而益以極一時視聽

之奇也試同邸所携李廷珪
墨書此以識息翁永陽清
叟次字景歐父

定武舊帖在人間者如晨星矣此又
落落若啓明者耶元貞元年夏六月僕
將歸吳興絳莫因翰以此卷求是正
爲鑒定如右甲寅日甲寅人趙孟頫書

右唐賢摹晉右軍蘭亭宴集叙字法秀
逸墨彩艷發奇麗超絶動心駭目此定是
唐太宗朝供奉搨書人直弘文館馮承素等
奉聖旨於蘭亭真蹟上雙鉤所摹與米元
章購于蘇才翁家褚河南撿校搨賜本張

石氏刻對之更無少異來老所論精妙數字皆具有之毫銓轉摺纖微備盡下真蹟一等子家舊藏趙模搨本雖結體間有小異而義類良是然各有絶勝處要之俱是一時名手摹書前後二小半印神龍二字即唐中宗年號貞

觀中太宗自書貞觀二字成二小印開元中明
皇自書開元二字作一小印神龍中中宗亦
書神龍二字為一小印印此印在貞觀後開元前
是御府印書者張彥遠名畫記唐貞觀開元
書印及晉宋至唐公卿貴戚之家私印一一詳載

獨不載此印蓋猶搜訪未盡也予觀唐模蘭
亭甚衆皆無唐代印跋未若此帖唐印宛然真
迹入昭陵搨本中擇其絶肖似者秘之内府此本
迺是餘皆分賜皇太子諸王中宗是文皇帝孫
内殿所秘信為最善本宜切近真也至元癸巳

獲于楊左轄都尉家傳是尚方資送物是年
二月甲午重裝于錢塘甘泉坊僦居快雪齋
壬子日易跋 贊曰
神龍天子文皇孫寶章小璽餘半痕鸞飛
離離舞秦雲龍驚蕩蕩跳天門明光宮中

春曦温玉案卷舒娱至尊六百餘年今幸
存小臣寧敢比璵璠
金城郭天錫祐之平生真賞

君家稧帖評甲乙和璧隋珠價相
敵神龍貞觀苦未遠趙葛馮湯摠
名迹主人熊魚兩兼愛彼短此長俱
有得三百二十有七字〻龍蛇怒騰擲
嗟予到手眼生障有數存焉豈人力

吾聞神龍之初黄庭樂毅真迹尚無恙此帖猶為時所惜况今相去又千載古帖消磨萬無一有餘不足貴相通欲抱奇書求博易

鮮于樞題

至正丁亥三月三日乙巳因閱重識

蘭亭石刻往往人間見之余家亦
藏有善本至于唐摹真蹟則
僅見此耳
存禮孝功偶出示
為題其後而歸之

嘉靖丙戌春三月望日濮陽李

廷相觀于金陵寓舍

墨林項元汴真賞

唐摹蘭亭余見凡三本其一在宜興吳氏後有宋初諸名公題語李范菴每過荆溪必求一觀今其子孫亦不輕出示人其一藏吳中陳緝熙氏當時已刻石傳世陳好鈎摹遂榻數本亂真而又分散諸跋為可惜耳其三即此神龍本也嘉靖初豐考功存禮嘗手摹使章正甫刻石於烏鎮王氏然予未見真跡惟孫鳴岐抄得郭祐之詩跋鮮于伯幾長句每誦二詩慨然思欲一見而不可得蓋往来予懷着五十餘年矣今子京項君以重價購於王氏遂令人持至吳中索余題語因得縱觀以償夙昔之願若其摹榻之精鈎填之妙信非馮承素諸公不能也子京好古博雅精於鑒賞嗜古人法書如嗜飲食每得奇書不復論價故東南名蹟多歸之然所蓄雖多吾又知其不能出此卷之上矣

萬曆丁丑孟秋七月三日茂苑文嘉書

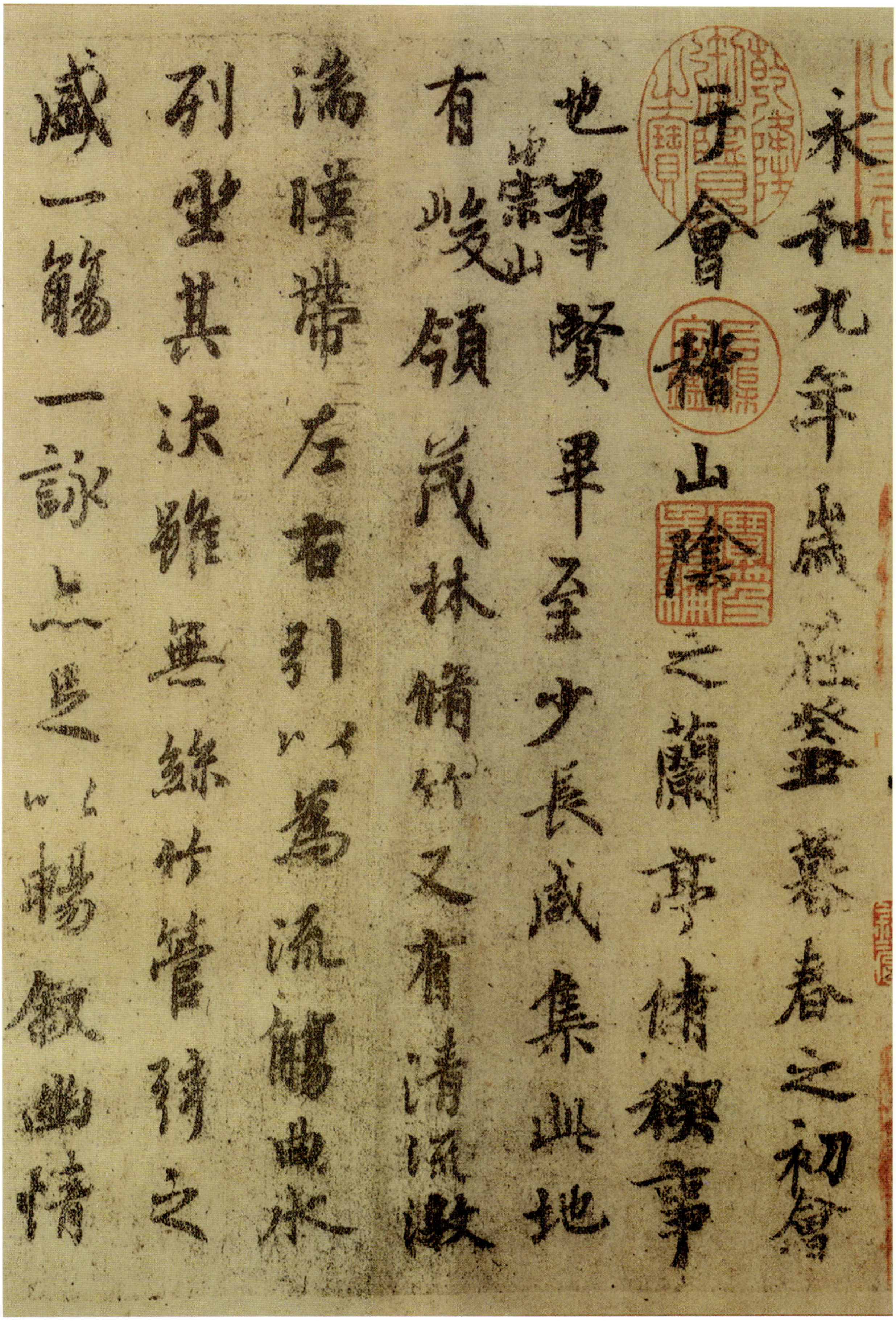
永和九年歲在癸丑暮春之初會
于會稽山陰之蘭亭脩稧事
也群賢畢至少長咸集此地
有崇山峻領茂林脩竹又有清流激
湍暎帶左右引以為流觴曲水
列坐其次雖無絲竹管弦之
盛一觴一詠亦足以暢敘幽情

【唐】虞世南摹《兰亭序》卷

是日也天朗氣清惠風和暢仰
觀宇宙之大俯察品類之盛
所以遊目騁懷足以極視聽之
娛信可樂也夫人之相與俯仰
一世或取諸懷抱悟言一室之內
或因寄所託放浪形骸之外雖
趣舍萬殊靜躁不同當其欣

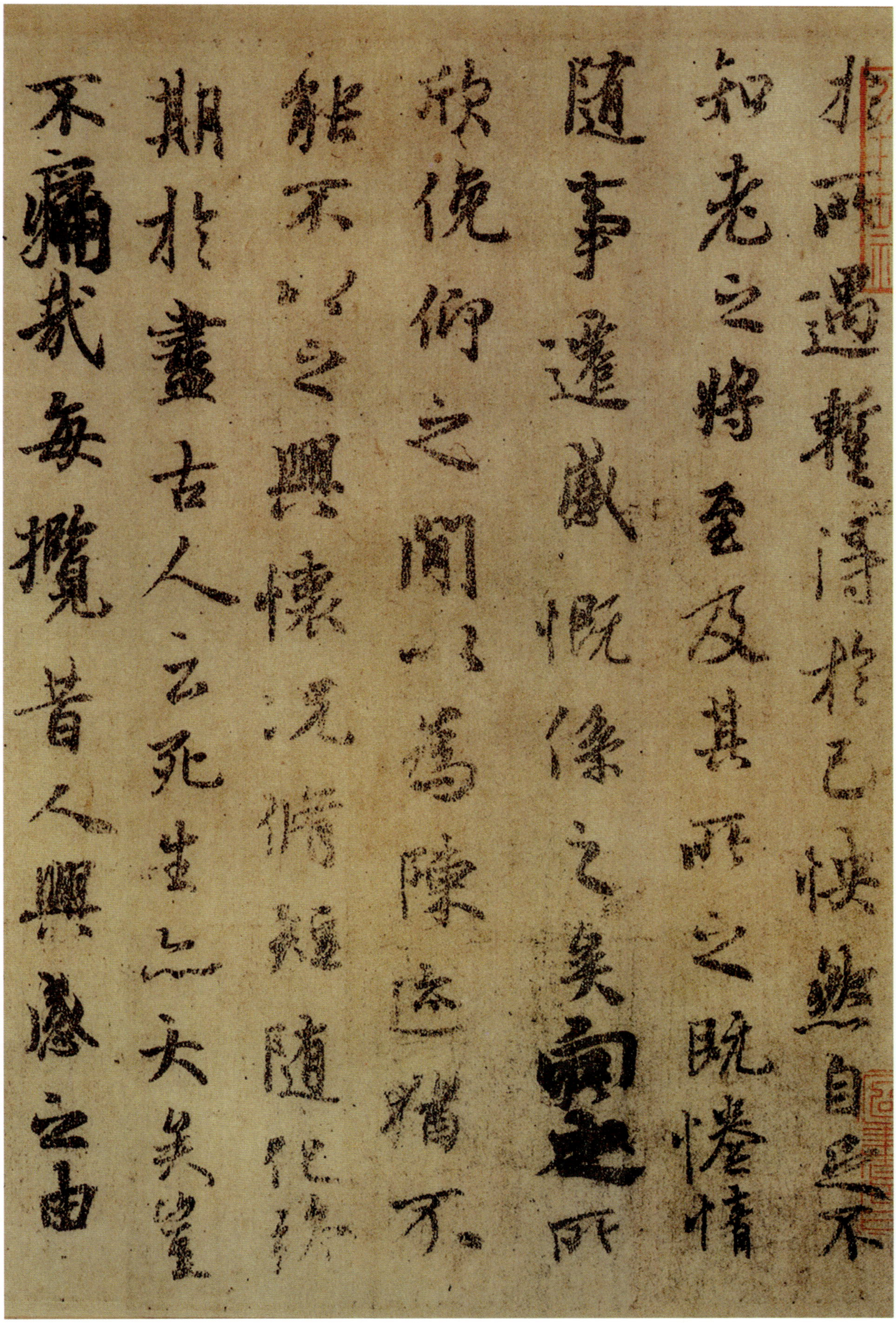

於所遇暫得於己快然自足不
知老之將至及其所之既惓情
隨事遷感慨係之矣向之所
欣俛仰之間以為陳迹猶不
能不以之興懷況脩短隨化終
期於盡古人云死生亦大矣豈
不痛哉每攬昔人興感之由

若合一契未嘗不臨文嗟悼不
能喻之於懷固知一死生為虛
誕齊彭殤為妄作後之視今
亦由今之視昔悲夫故列
敘時人錄其所述雖世殊事
異所以興懷其致一也後之覽
者亦將有感於斯文

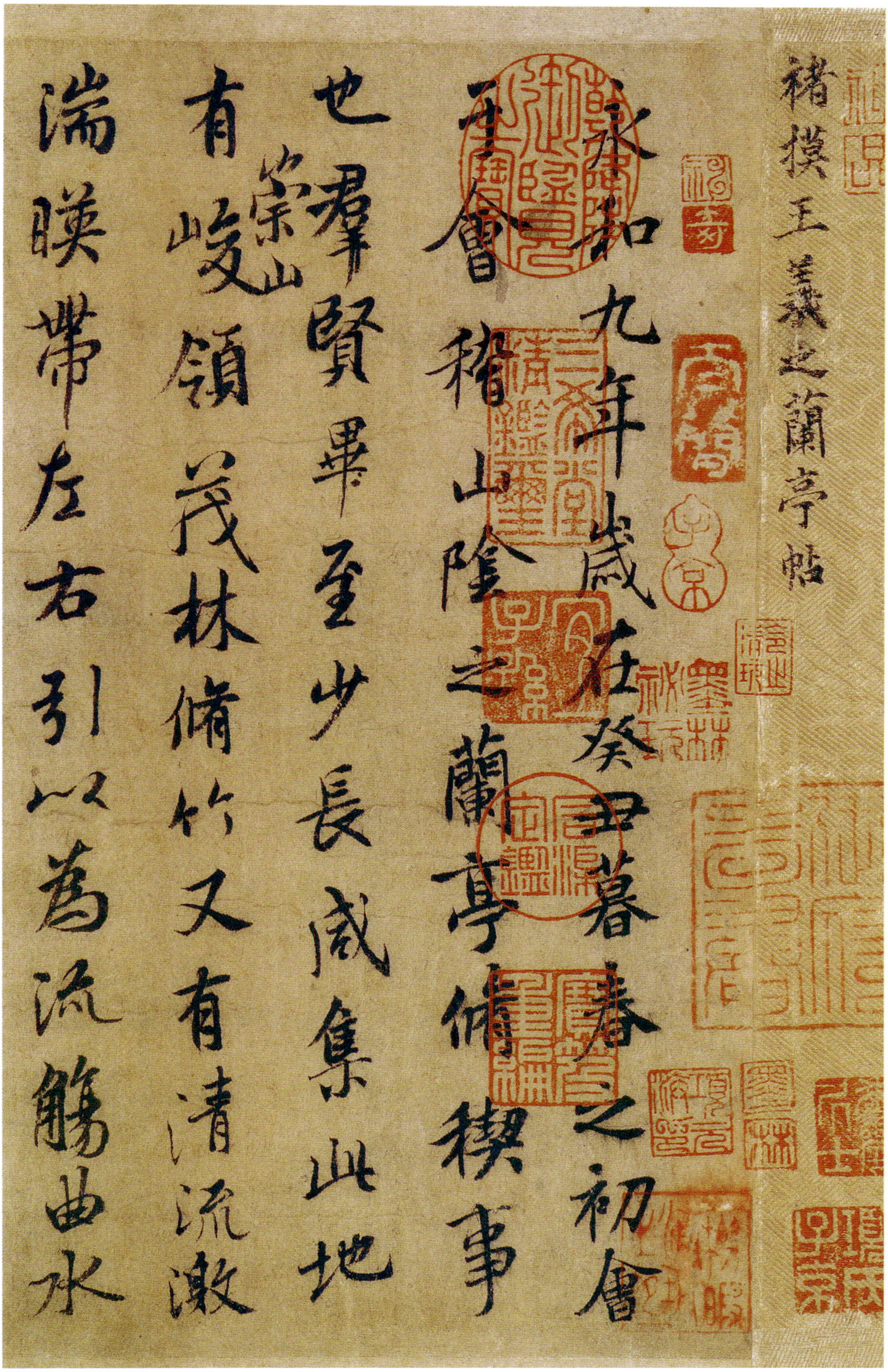
褚摸王羲之蘭亭帖
永和九年歲在癸丑暮春之初會
于會稽山陰之蘭亭脩禊事
也羣賢畢至少長咸集此地
有崇山峻領茂林脩竹又有清流激
湍暎帶左右引以爲流觴曲水

【唐】褚遂良摹《兰亭序》卷

列坐其次雖無絲竹管弦之
盛一觴一詠亦足以暢敘幽情
是日也天朗氣清惠風和暢仰
觀宇宙之大俯察品類之盛
所以遊目騁懷足以極視聽之
娛信可樂也夫人之相與俯仰
一世或取諸懷抱悟言一室之內

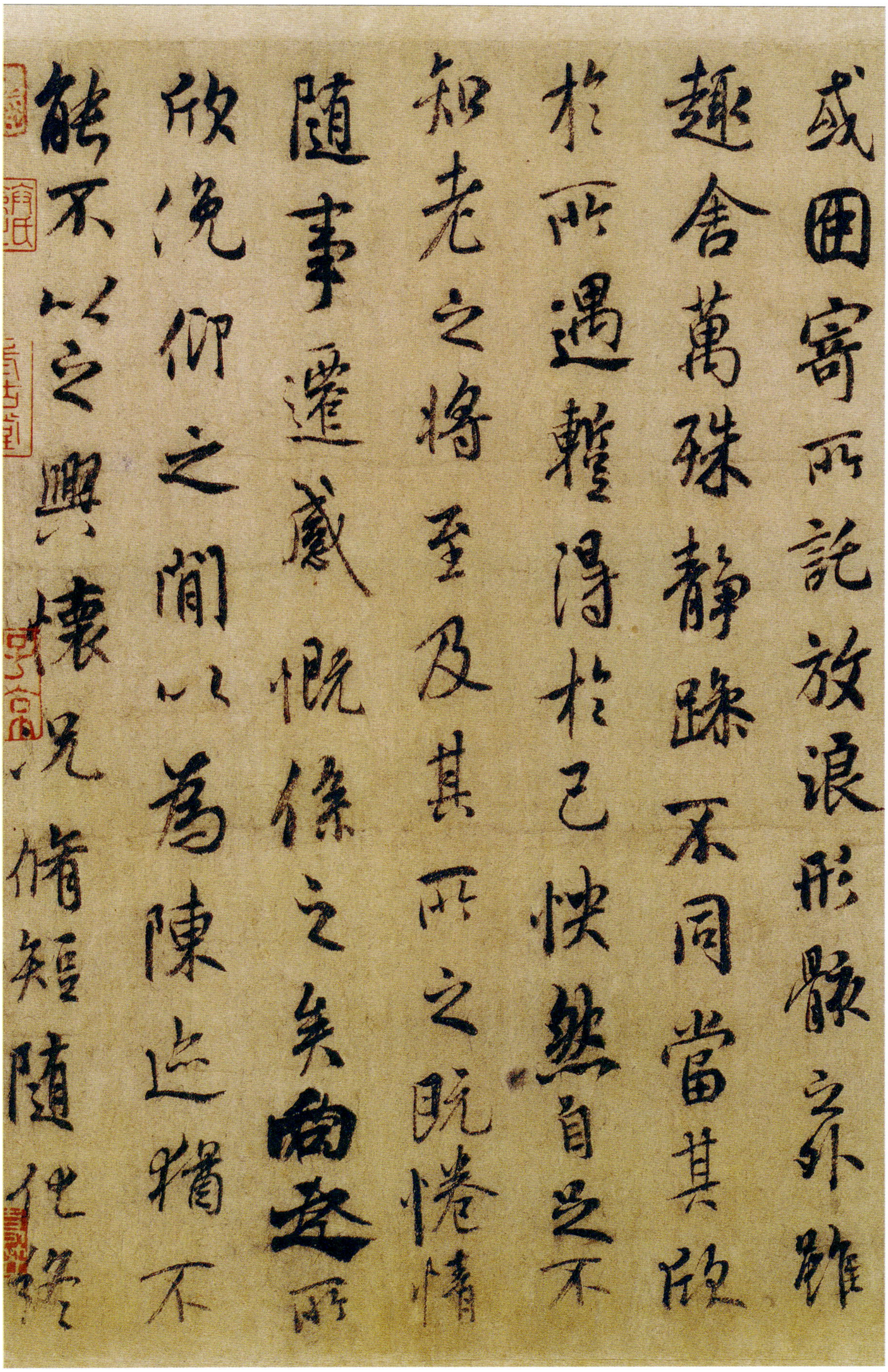
或因寄所託放浪形骸之外雖
趣舍萬殊靜躁不同當其欣
於所遇輒得於己快然自足不
知老之將至及其所之既惓情
隨事遷感慨係之矣向之所
欣俛仰之間以為陳迹猶不
能不以之興懷況脩短隨化終

期於盡古人云死生亦大矣豈
不痛哉每攬昔人興感之由
若合一契未嘗不臨文嗟悼不
能喻之於懷固知一死生為虛
誕齊彭殤為妄作後之視今
亦由今之視昔[redacted]悲夫故列

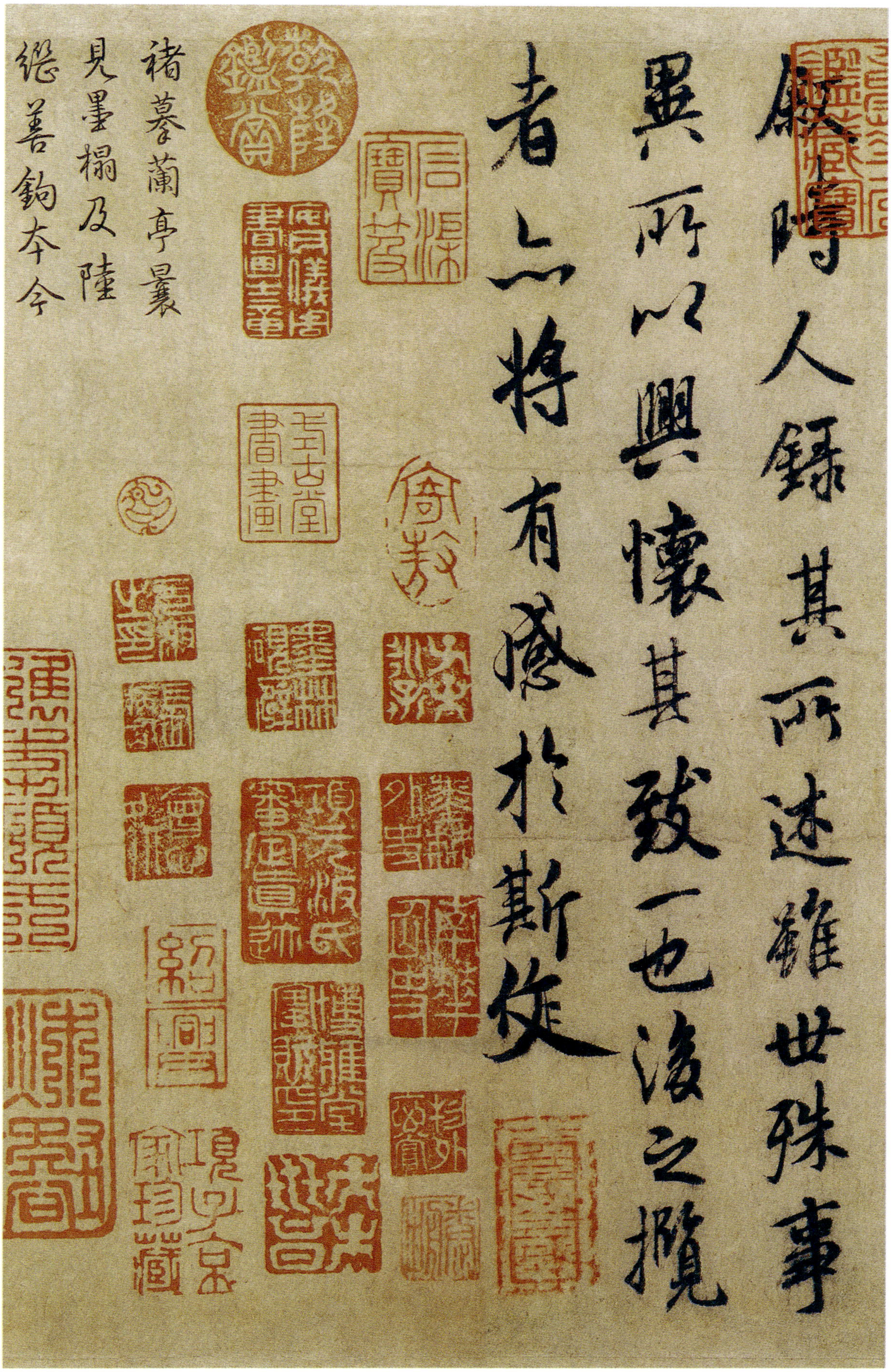
敘時人錄其所述雖世殊事
異所以興懷其致一也後之攬
者亦將有感於斯文

褚摹蘭亭纍
見墨搨及陸
繼善鉤本今

褚摹蘭亭曩
見墨榻及陸
繼善鈎本今
觀此卷乃知
米元章所評
轉摺豪鋩備
盡之語良為
確當御題

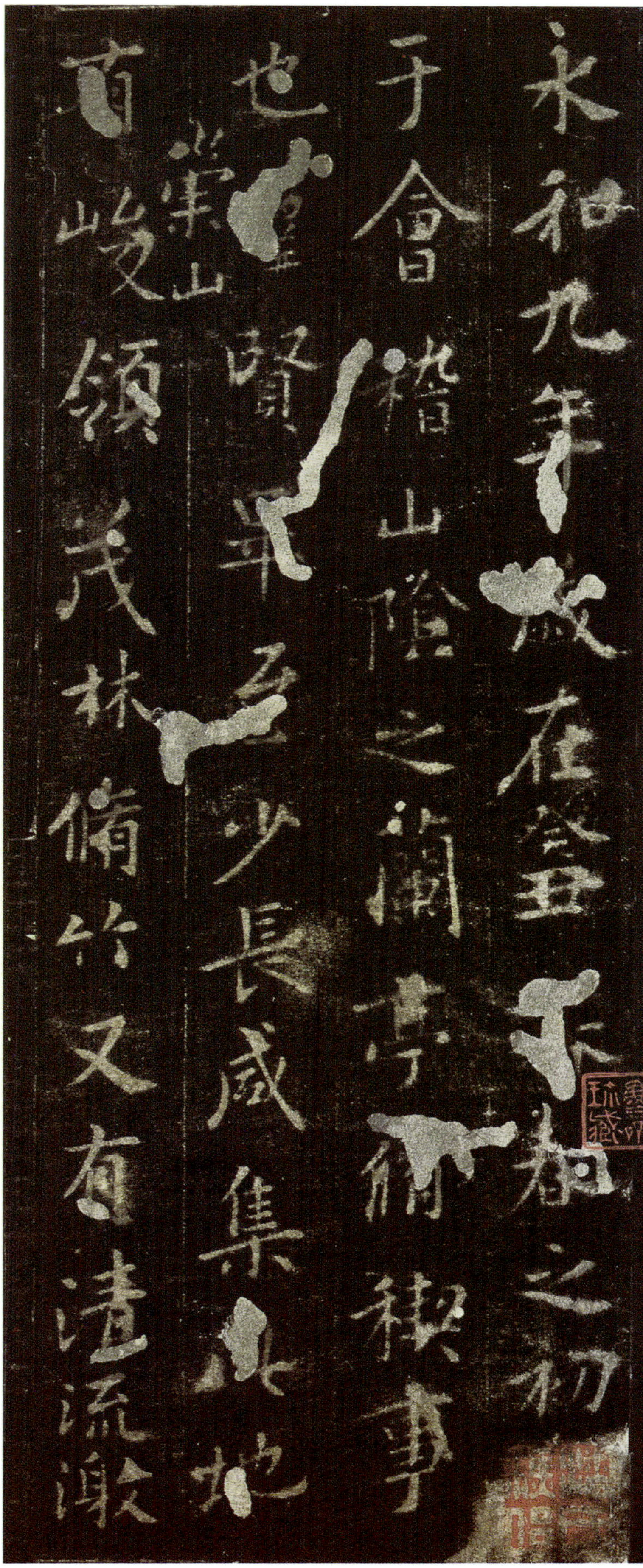
永和九年歲在癸丑暮春之初
于會稽山陰之蘭亭脩稧事
也羣賢畢至少長咸集此地
崇山
有峻領茂林脩竹又有清流激

北宋拓本《定武兰亭序》及卷后历代名人题跋

湍暎帶左右引以為流觴曲水
列坐其次雖無絲竹管弦之
盛一觴一詠亦足以暢叙幽情
是日也天朗氣清惠風和暢仰

觀宇宙之大俯察品類之盛
所以遊目騁懷足以極視聽之
娛信可樂也夫人之相與俯仰
一世或取諸懷抱悟言一室之內

或因寄所託放浪形骸之外雖
趣舍萬殊靜躁不同當其欣
於所遇暫得於己快然自足曾不
知老之將至及其所之既倦情

隨事遷感慨係之矣向之所
欣俛仰之閒以為陳迹猶不
能不以之興懷況脩短隨化終
期於盡古人云死生亦大矣豈

不痛哉每攬昔人興感之由
若合一契未嘗不臨文嗟悼不
能喻之於懷固知一死生為虛
誕齊彭殤為妄作後之視今

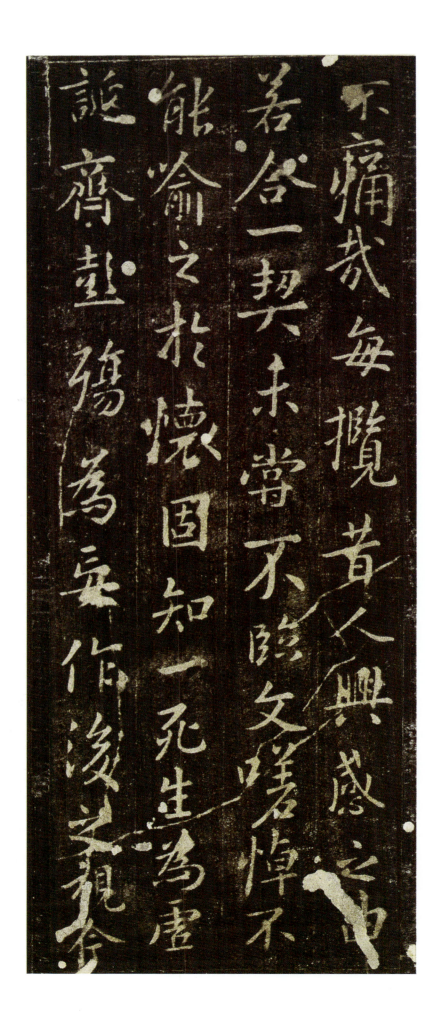

亦由今之視昔悲夫故列
敘時人錄其所述雖世殊事
異所以興懷其致一也後之攬
者亦將有感於斯文

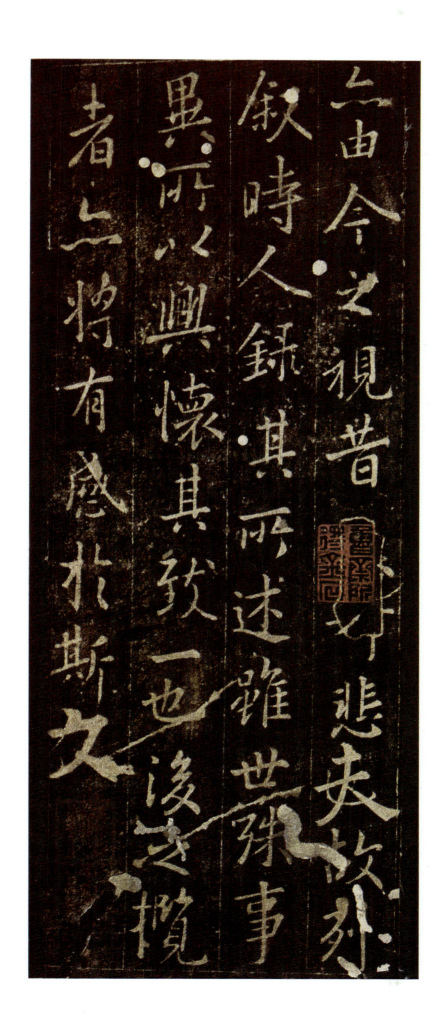

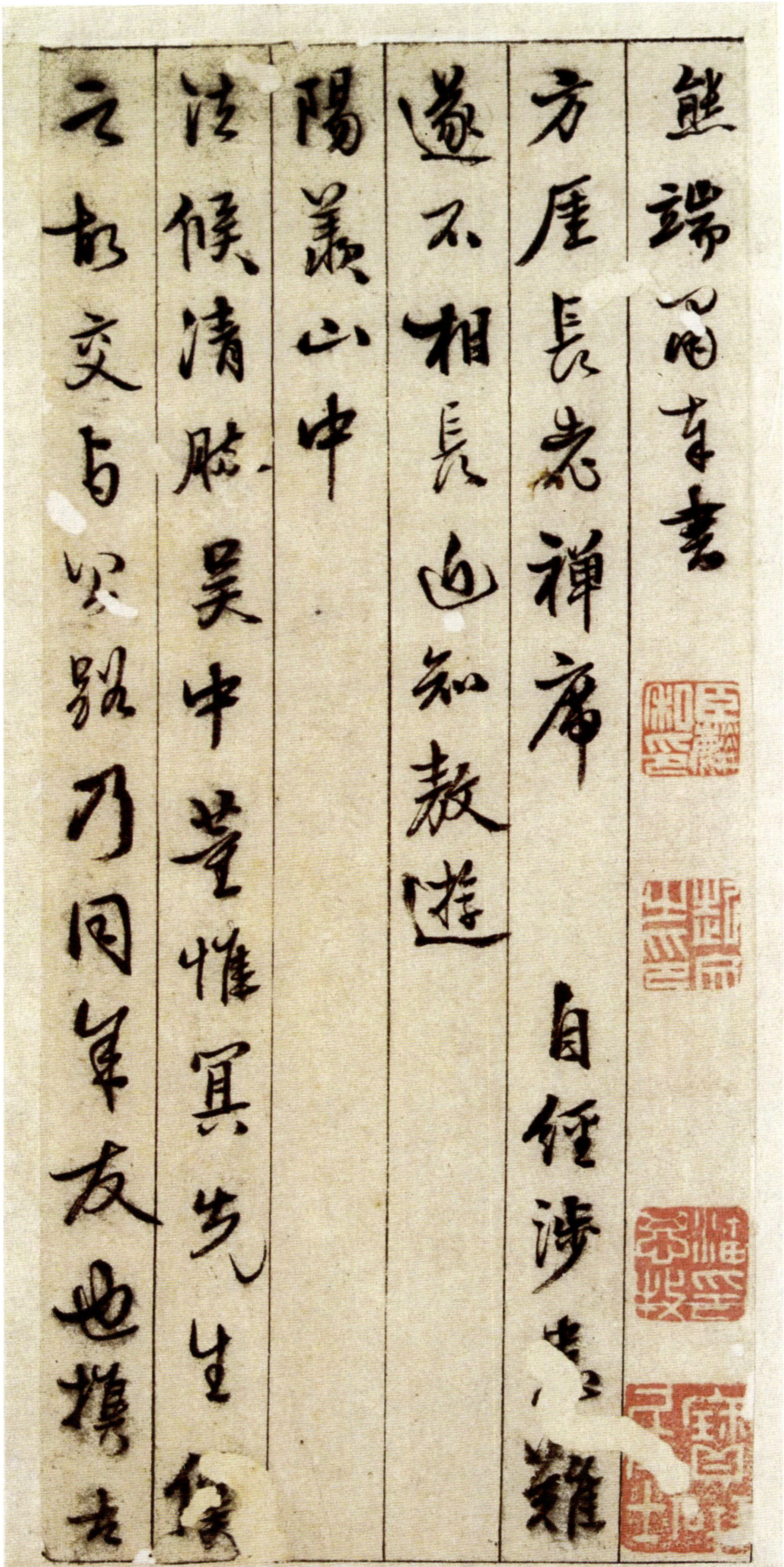

熊端[illegible]奉書
方丈長老禪席 自經涉患難
遂不相長通知教遊
陽羨山中
法候清勝吳中莫惟冥先生侯
之故交與寡弟乃同年友也模去

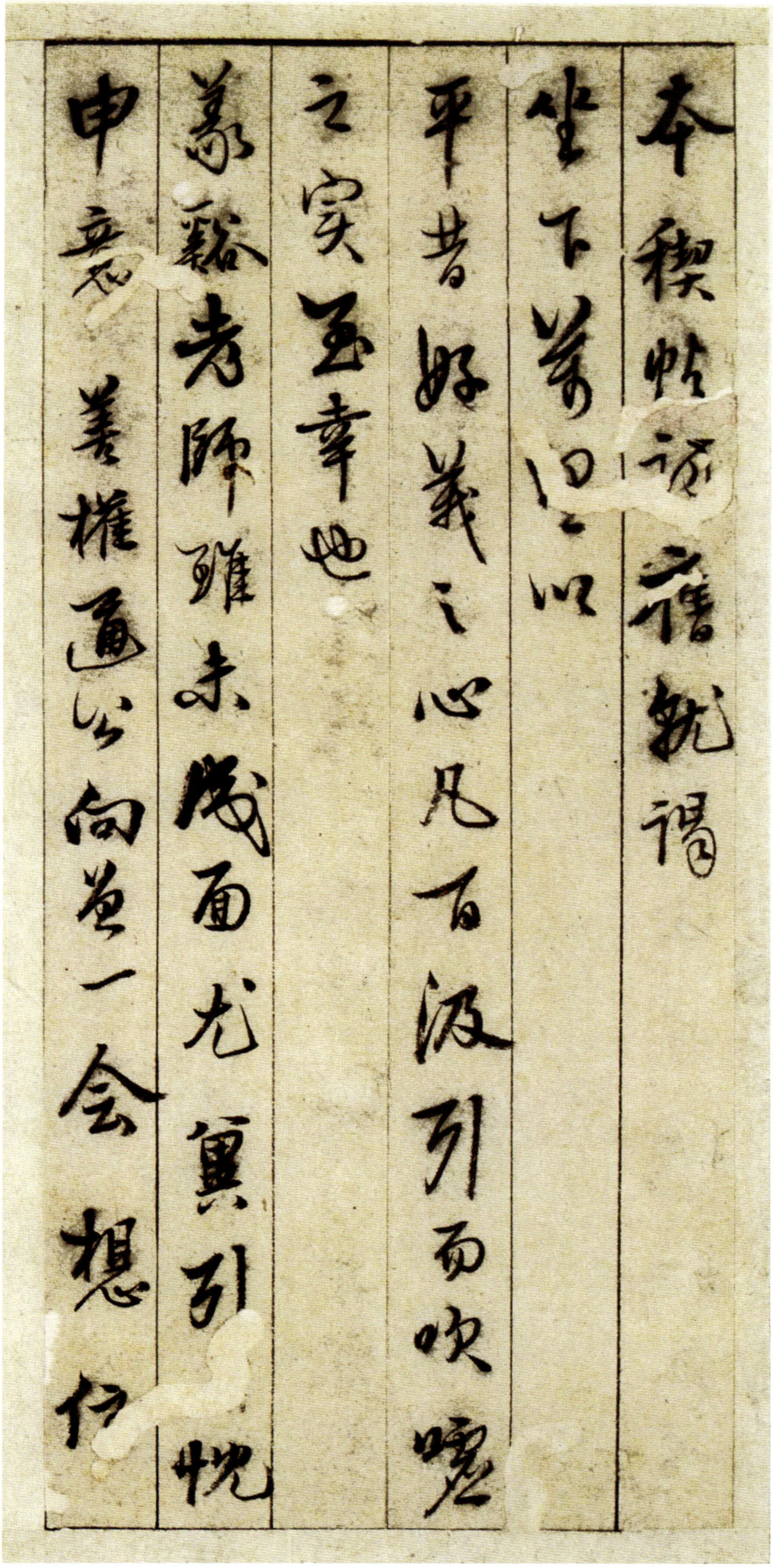
本稷頓首謹覆
坐下前日以
平昔好義之心凡百汲引而吹噓
之實至幸也
蒙鑒老師雖未識面尤冀引拔
中意　善權通此向為一會　想仁

山如舊歲躡蹻去看國碑去
有緣去如有墨本我鈔本見
寄惠如每々不及鄙性尚祈
蔭諒不備　熊端頓首上

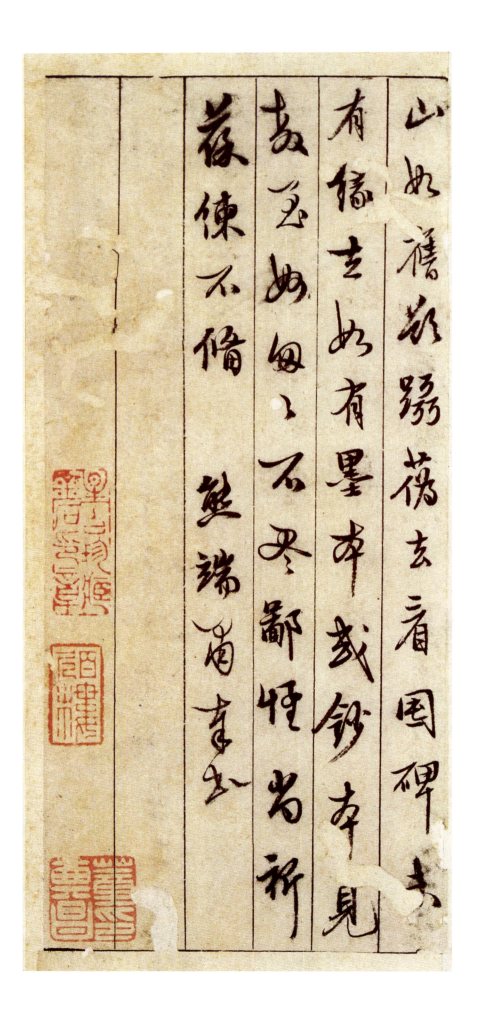

延伸知识

王羲之（303—361），字逸少，号澹斋，祖籍琅琊临沂（今属山东），后迁会稽（今浙江绍兴），晚年隐居剡县金庭，中国东晋书法家，有『书圣』之称。历任秘书郎，宁远将军，江州刺史，后为会稽内史，领右将军，人称『王右军』『王会稽』。

王羲之少从叔父，后又从卫夫人学书，得见汉魏以来诸名家书法，草书学张芝，正书学钟繇，兼善隶、草、正、行各体，博采众长，备精诸体，摆脱了汉魏笔风，自成一家。笔势开放俊明，结构严谨。

传说，王羲之一次与朋友一起去一游亭饮酒作诗来取乐，随即继兴写下《兰亭序》，虽中有错字，不是很工整，字也大小不一，但字的潇洒飘逸却是后人无法超越的，实乃佳作，就连王羲之本人也叹为观止。据说王羲之酒醒后，连日再写几十本，总觉不如第一次所写，因而更加珍惜，秘藏在家里不轻易示人，并且嘱咐子孙妥善保存，作为传家之宝，所以《兰亭序》才会享誉如此盛名。

王羲之的书法作品很丰富，除《兰亭序》外，著名的尚有《官奴帖》《十七帖》《二谢帖》《奉桔帖》《姨母帖》《快雪时晴帖》《乐毅论》《黄庭经》等。其书法主要特点是平和自然，笔势委婉含蓄，遒美健秀，后人评曰：『飘若游云，矫若惊蛇』，王羲之的书法是极美的。

同时代书家书风对比

书法艺术发展来到晋代，篆、隶、草、行、楷诸体已经齐备。晋代书法以楷书和行书的成就最大，对后世的影响也最大，代表书家是钟繇和王羲之。

钟繇（151—230）字元常，颍川长社（今河南长葛县东）人，曹魏时期，官至太傅。他擅长隶、楷、行各体，尤以楷书影响最大。钟繇所处的时期，正是汉字由隶书向楷书演变并接近完成的时期。在这一重要演变过程中，钟繇继往开来，起了有力的推动作用。宋人《宣和书谱》中评价他的书法『各尽法度，为正书（楷书）之祖』。他的楷书承袭了东汉隶书的遗风，八分开张，左右波挑，势巧形密，自然古雅，字体大小相间，整体布局严谨、缜密，历代评论成就极高。其作品包括《贺捷表》《宣示表》《力命表》《还示帖》等。他写的《贺捷表》颇有鸿鹄飞张姿态，被梁武帝萧衍评为『群鸿戏海，舞鹤游天』。

王氏家族书法人才辈出。王羲之第七子王献之，因其书艺超群，历来与其父并称『二王』，或尊称为『小圣』。王献之学书和其父一样，不局限于学一门一体，而是穷通各家，所以能在『兼众家之长，集诸体之美』的基础上，创造出自己独特的风格，终于取得了与王羲之并列的艺术地位。

王献之的书法艺术主要是继承家法，但又不墨守成规，而是另有所突破。从他的传世书法作品中，不难看出他对家学的承传及自己另辟蹊径的踪迹。前人评论王献之的书法为『丹穴凰舞，清泉龙跃。精密渊巧，出于神智』。

王献之书法豪迈气势宏伟，故为世人所重，其草书更是为人称道。他变其父上下不相连之草为相连之草，往往一笔连贯书字，其非草非行的新书体，被称为『破体』，又叫『一笔书』。

王献之的传世草书墨宝有《鸭头丸帖》《中秋帖》等。其中《鸭头丸帖》，绢本，行草，共计十五字。清代吴其贞在《书画记》里对此帖推崇备至，认为『（此帖）书法雅正，雄秀惊人，得天然妙趣，为无上神品也。』而他的《中秋帖》，二十二字，神采如新，片羽吉光，世所罕见。清朝乾隆皇帝将其收入《三希帖》，视为『国宝』。

图书在版编目（CIP）数据

兰亭序 / 王鹏江主编；大麓书院编 . — 沈阳：万卷出版公司，2018.4

ISBN 978-7-5470-4813-9

Ⅰ . ①兰… Ⅱ . ①王… ②大… Ⅲ . ①毛笔字 – 行书 – 中小学 – 法帖 Ⅳ . ① G634.955.3

中国版本图书馆 CIP 数据核字 (2018) 第 052825 号

出品人：刘一秀
出版发行：北方联合出版传媒（集团）股份有限公司
万卷出版公司
（地址：沈阳市和平区十一纬路 25 号　邮编：110003）
印刷者：辽宁新华印务有限公司
经销者：全国新华书店
幅面尺寸：215mm×340mm
字　数：30 千字
印　张：5
出版时间：2018 年 4 月第 1 版
印刷时间：2018 年 4 月第 1 次印刷
责任编辑：赵新楠
责任校对：张兰华
封面设计：马婧莎
版式设计：范　娇
ISBN 978-7-5470-4813-9
定　价：30.00 元
联系电话：024-23284090
传　真：024-23284448
常年法律顾问：李　福　版权所有　侵权必究　举报电话：024-23284090
如有印装质量问题，请与印刷厂联系。联系电话：024-31255233